Christophe de Cène

Pierres sacrées
du Mont-Saint-Michel

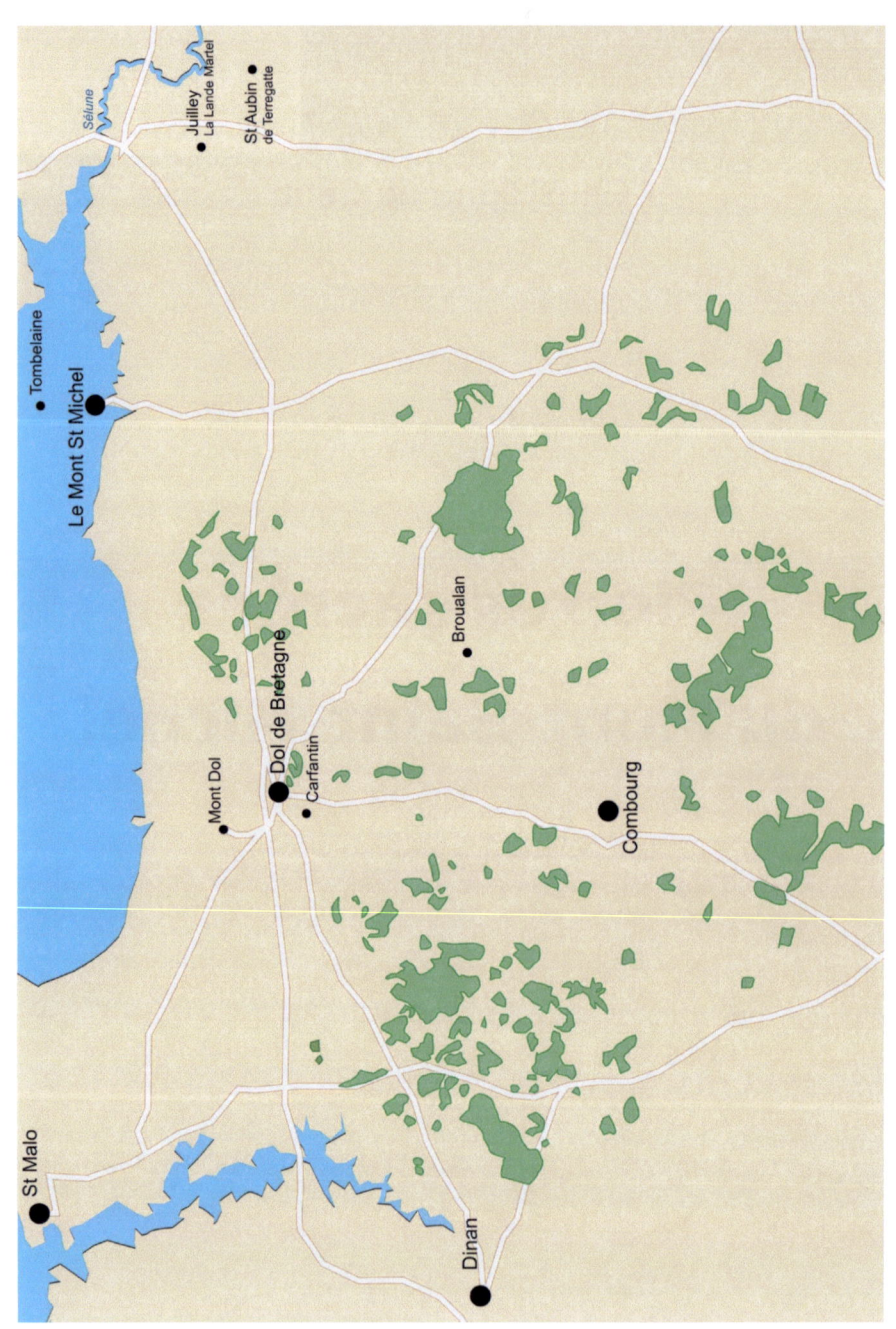

L'arrière-pays du Mont-Saint-Michel, côté Bretagne

Introduction

Classée patrimoine mondial de l'UNESCO, la baie du Mont-Saint-Michel recèle des trésors. La nature, d'une rare beauté, est ici magnifiée par l'architecture de la célèbre abbaye. L'arrière-pays n'est pas en reste, servi notamment par un ensemble exceptionnel de monuments datant du néolithique.

Si la Bretagne mégalithique est souvent associée aux incontournables alignements de Carnac, au tumulus de Gavrinis, au dolmen de la Roche-aux-Fées près de Rennes, la région du Mont-Saint-Michel se démarque par la diversité de ses monuments (menhirs, dolmens, cromlechs) et plus encore par leur implantation particulière. Le nombre d'entités est ici limité, ce qui facilite l'analyse de la structure d'ensemble.

Les principaux mégalithes de la région sont une allée couverte, la Maison des Feins à Tressé, et six menhirs isolés de grande taille : le Champ Dolent près de Dol, la Pierre du Domaine en Plerguer, la Roche Longue à Saint-Marcan, La Butte près de Combourg, la Dent de Gargantua à Saint-Suliac, le menhir de Saint-Samson-sur-Rance.

A cette liste s'ajoutent le Cromlech (cercle de pierres levées) du Mont-Dol, deux menhirs disparus au sommet du Mont-Saint-Michel, et le site mégalithique dit « Les Tombes » à Saint-Broladre.

Le fonds légendaire qui accompagne ces pierres ne manque pas d'intérêt, comme nous allons le découvrir au fil de ces pages.

Au néolithique, les habitants de la baie ne peuvent que remarquer trois monts dont le caractère sacré ne s'est jamais démenti au fil du temps. Le Mont Tombe, devenu le Mont-Saint-Michel, côtoie son inséparable compagnon, Tombelaine, rocher situé au nord du précédent. Occupé dès le paléolithique, le Mont Dol complète ce tableau. Les légendes qui lui seront associées sont systématiquement liées aux deux autres sites. Les trois monts sont implantés sur un sol n'excédant guère celui du niveau actuel de la mer. Aussi, les monts Dol et Tombelaine sont aisément visibles à l'œil nu, observés depuis le Mont-Saint-Michel.

Autour de ces trois points d'observation privilégiés s'organise un dispositif mégalithique dont nous allons montrer le caractère astronomique. Les peuples du néolithique surent bâtir ce qu'il faut bien nommer un observatoire, avec une précision qui surprend.

Première partie

Un patrimoine mégalithique exceptionnel

Le Mont-Saint-Michel et Tombelaine

Des mégalithes aujourd'hui disparus sont attestés jusqu'au huitième siècle au sommet du Mont-Saint-Michel. Ils existaient encore en 709, date du premier sanctuaire chrétien fondé par l'évêque d'Avranches Aubert.

Citons un ouvrage de référence de l'historien Marc Déceneux, *Le Mont-Saint-Michel, Histoire d'un Mythe*, aux éditions Ouest-France (1997) :

« Pour ce qui est du Mont-Saint-Michel même, la plupart des auteurs ont admis l'idée de l'existence d'un monument mégalithique près du sommet ; ils se sont pour cela basés sur le texte de la *revelatio* qui nous donne la plus ancienne version des événements survenus sur le rocher au début du VIIIe siècle. »

L'auteur émet l'hypothèse d'un monument mégalithique funéraire sur le mont Tombe. Quoiqu'il en soit, deux pierres levées sont attestées, ainsi qu'un espace circulaire. On retiendra l'empreinte de l'homme sur le rocher au néolithique.

Et l'éminent historien de conclure : « Tout se passe donc comme si le Mont-Saint-Michel, sinon une structure monumentale couronnant son sommet, se trouvait au centre de toute une géographie mégalithique couvrant une large frange du littoral normano-breton et de son arrière-pays. Cette hypothèse est d'autant plus plausible que des cas comparables existent : il s'agit alors d'ensembles groupés autour d'une éminence ou d'un monument spécialement remarquable. J'ai cité plus haut les trois menhirs organisés autour du Menez-Bré. Plus spectaculaire encore est le complexe monumental mis en place autour du grand menhir brisé de Locmariaquer (Morbihan) ; ce géant (20,30 mètres de long et 350 tonnes : record du monde absolu pour un mégalithe !) était entouré d'un réseau de monuments secondaires, disposés en alignement sur des distances de plus de vingt kilomètres, sur huit axes correspondant aux moments extrêmes de la déclinaison lunaire. Un système identique aurait existé autour du grand menhir du Manio à Carnac. Il n'y aurait donc rien d'étonnant à voir le centre d'un vaste système mégalithique dans le Mont-Saint-Michel et à l'imaginer sommé d'un monument de premier plan. »

La revelatio décrit la fondation du premier sanctuaire chrétien sur le Mont : les apparitions de l'archange Michel décident l'évêque Aubert à construire le premier temple au lieu « foulé par les pieds d'un taureau ». Il suit en cela le modèle du Mont Gargano en Italie où Saint-Michel apparaît pour la première fois en occident en l'an 493, date après laquelle un rituel chrétien y remplace le culte de Mithra et les sacrifices du taureau. On verra plus loin l'importance de ces allusions au taureau, d'autant qu'un autel taurobolique a été découvert au sommet du Mont-Dol où se pratiquait donc également le culte de Mithra aux premiers siècles après Jésus-Christ.

Ci-contre : le Mont-Saint-Michel et Tombelaine.
Le Soleil se couche sur le rocher de Tombelaine.

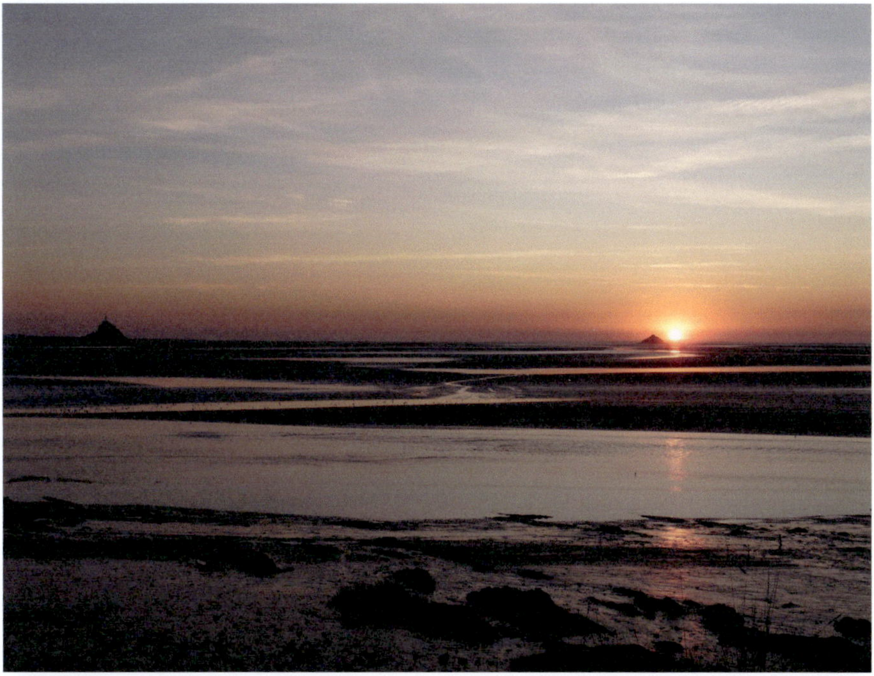

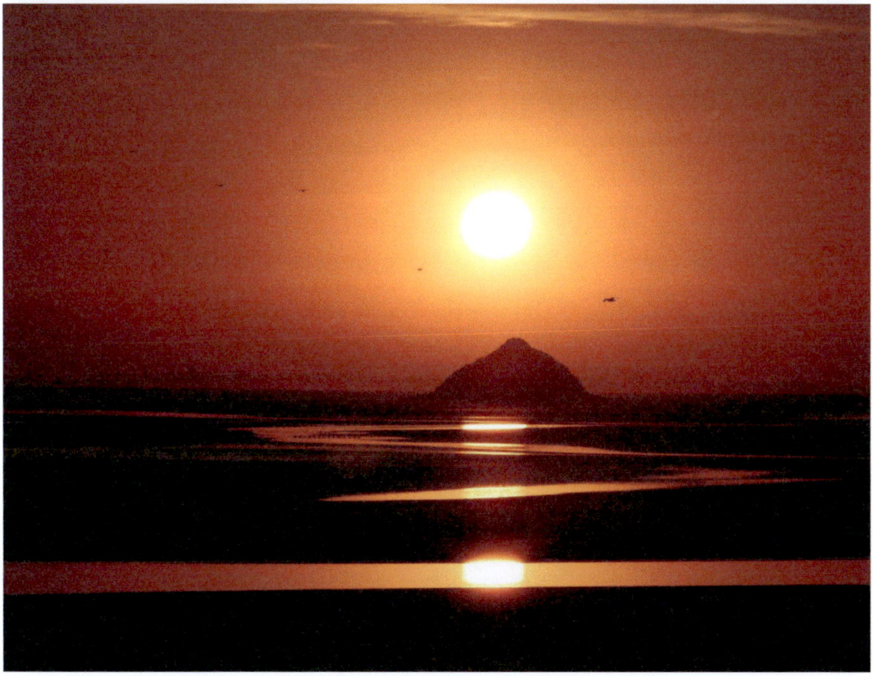

A 2,7 kilomètres au nord du Mont-Saint-Michel, le rocher de **Tombelaine** émerge, à marée basse, au milieu des sables de la baie. Il donne une idée assez juste de l'aspect du Mont de l'archange avant la construction du premier oratoire. Le légendaire de Tombelaine est lié à celui de son prestigieux jumeau et voisin, en particulier dans les romans arthuriens.

Le Mont-Dol

Le légendaire du Mont Jovis, qui deviendra le Mont Dol, est intimement lié à celui du Mont-Saint-Michel. L'archange et le Diable s'y affrontent dans d'épiques combats célestes. La présence de l'homme y est attestée dès le paléolithique, faisant de ce lieu le plus ancien territoire peuplé de la région. Là encore, le néolithique laissera son empreinte : un cromlech y est attesté, dont les traces demeurent, sur le flanc sud du mont, près du grand calvaire.

Spécialiste de la Bretagne Mégalithique et auteur d'un bel ouvrage portant ce nom (au Seuil), Gwenc'hlan Le Scouëzec donne cette description (Guide de la Bretagne Mystérieuse, 1966, Tchou, p.395) : « Au milieu d'affleurements rocheux, on reconnait les restes d'un ensemble, peut-être circulaire, de pierres levées. Le calage de certaines d'entre elles est encore en place. L'une d'elles, debout et de petite taille, a reçu le nom de mitre de saint Samson. Une source, dédiée elle aussi au premier évêque de Dol, complétait le lieu sacré. »

Le Mont-Dol : vestiges du cromlech

Evangélisé au VIe siècle par le gallois saint Samson, le Mont-Dol voit s'affronter les forces du bien et du mal. Une légende locale retient notre attention : furieux d'observer le saint construire la cathédrale de Dol, le Diable lance un rocher sur l'ouvrage, qui endommage l'une des tours de l'édifice avant de se planter, au sud, près de la fontaine de Carfantin. La pierre est le menhir du Champ-Dolent.

Coordonnées GPS :
Les vestiges du cromlech sont situés à proximité de l'actuel calvaire (au sud du plateau) :
48°34'16.03"N   1°46'6.75"O

Le menhir du Champs-Dolent et la fontaine Saint-Samson

La pierre et la fontaine

Avec une hauteur de 9m30 et environ 7m sous le sol, une circonférence de 8m et une masse estimée à 120 tonnes, la Pierre du Champ-Dolent est le plus haut mégalithe d'Ille-et-Vilaine, et l'un des trois plus hauts menhirs dressés en Bretagne. Il est érigé au sommet d'une colline dominant le marais de Dol. Le granit roux à petit grain qui le compose provient d'une carrière située à plus de 4 km. La technique employée pour le transport d'une telle masse divise encore les spécialistes, car au-delà d'une centaine de tonnes, les rondins de bois sensés supporter la pierre sont écrasés par celle-ci. Quoiqu'il en soit, l'effort est considérable.

Stendhal visita le Champ-Dolent. Le grand écrivain nous a laissé cette belle page, empreinte d'une charmante inexactitude romantique :

« *C'est à un quart de lieue de la ville* [Dol] *qu'il faut aller chercher la fameuse pierre du Champ-Dolent. Ce nom rappelle-t-il des sacrifices humains ? Mon guide me dit gravement qu'elle a été placée là par César. Était-elle jadis au sein des forêts ? Maintenant elle se trouve au beau milieu d'un champ cultivé. Ce Menhir a vingt-huit pieds de haut et se termine en pointe ; à sa base il a, suivant ma mesure, huit pieds de diamètre. Au total, c'est un bloc de granit grisâtre dont la forme représente un cône légèrement aplati. Il faut noter que ce granit ne se retrouve qu'à plus de trois quarts de lieue de la ville, au Mont-Dol, colline entourée de marécages et qui probablement fut une île autrefois.*

Le menhir du Champ-Dolent : 9m30 de haut, 120 tonnes.

Il fut transporté, au néolithique, depuis les carrières de granit situées à plus de 4 km.

La pierre du Champ-Dolent repose sur une roche de quartz dans laquelle elle s'enfonce de quelques pieds. Par quel mécanisme les Gaulois, que nous nous figurons si peu avancés dans les arts, ont-ils pu transporter une masse de granit longue de quarante pieds et épaisse de huit ? Comment l'ont-ils dressée ? »

Stendhal, Mémoires d'un Touriste, 1854.

Bien-sûr, Stendhal se trompe lorsqu'il attribue l'érection du menhir aux Gaulois, opinion courante au XIXe siècle. On sait aujourd'hui que cette pierre fut levée au néolithique, bien avant l'arrivée des Celtes – et des druides – en Bretagne, par une civilisation dont nous ignorons à peu près tout.

Comme souvent en Bretagne, ce menhir isolé est lié à une fontaine, l'eau et la pierre contribuant à la création d'un espace sacré.

La fontaine Saint-Samson, à Carfantin, est répertoriée depuis la période médiévale. Le saint fondateur de Dol aurait fondé ce village, situé au pied de la colline du Champ-Dolent, et une première abbaye, au VIe siècle. Monsieur Bouillon, sculpteur et compagnon, l'a joliment restaurée dans la seconde moitié du XXe siècle, mais le bassin, de facture médiévale, est bien authentique.

Coordonnées GPS :
La fontaine Saint-Samson (Carfantin) :
48°32'20.52"N   1°44'53.20"O
Le menhir du Champ-Dolent :
48°32'7.22"N   1°44'21.75"O

La fontaine Saint-Samson, située au pied de la colline du Champ-Dolent, dans le bourg de Carfantin.
Elle fut restaurée au XXe siècle.
Bassin médiéval.

Monsieur Bouillon, restaurateur de la fontaine, a en main un couëron, chêne fossilisé de l'antique forêt de Scissy.

Fontaine Saint-Samson avant restauration.

La Maison des Fées, allée couverte, Tressé

L'allée couverte de la *Maison des Fées* (ou *Maison-ès-Feins*) se trouve en pleine forêt domaniale du Mesnil, près de Tressé, dans un environnement charmant. Un petit sentier y mène, depuis le parking situé à quelques centaines de mètres du dolmen. Restauré en 1931 après des fouilles, le site fut sans doute, au néolithique, un lieu de culte à la Déesse-Mère, comme en témoignent les paires de seins gravées en bas-relief sur les cartouches rectangulaires de la chambre. Deux d'entre elles ont été malheureusement mutilées au XXe siècle, tandis que celles du cartouche occidental restent intactes. L'allée couverte est orientée nord-nord-ouest / sud-sud-est, et s'ouvre vers le sud. Avant sa restauration, elle était recouverte d'un tumulus fait de pierres et de terre.

Deux paires de seins, dans la chambre de l'allée couverte de Tressé, semblent indiquer la présence, au néolithique, d'un culte à la Déesse-Mère. On trouve d'autres exemples en Bretagne, comme à Prajou, en Trébeurden (dép. 22).

Maison des fées, coordonnées GPS :
48°29'5.08"N   1°52'35.90"O

La pierre du domaine

La Pierre du domaine est un menhir isolé, dans un champ et visible de la route, en granit à grains fins, haut de 4m10. Sa forme quadrangulaire évoque un obélisque. Il se situe dans la commune de Plerguer, près du monastère de Beaufort dont la chapelle se visite.

Légende locale

Le combat des frères

«Au temps des romains, deux armées ennemies se trouvèrent en présence dans le lieu où se trouve aujourd'hui la Pierre. La lutte fut si acharnée que sur la fin du jour, deux guerriers seulement avaient survécu à leurs compagnons d'armes et continuaient le combat. L'un des adversaires allait succomber lorsque la Pierre surgit tout à coup du sol et se dressa entre eux. Ce prodige fut interprété par les deux guerriers comme un signe manifeste de la volonté divine d'avoir à mettre fin à leur duel. Ils s'interrogèrent simultanément et se reconnurent : c'étaient les deux frères.»

Légende recueillie par P. Bézier, Inventaire des Monuments Mégalithiques du département d'Ille-et-Vilaine, Rennes 1883.

Une légende identique est collectée à propos du menhir du Champ-Dolent, près de Dol.

Coordonnées GPS :
48°30'33.13"N   1°48'49.84"O

Plerguer : la Pierre du Domaine

Le menhir de Roche-Longue à Saint-Marcan

Situé près de Saint-Marcan, au lieu-dit Courpierre, dans un champ, le menhir de Roche-Longue est en granit local. T. Le Montreer lui donne plus de trois mètres de hauteur, et ajoute : « *La préhistoire a laissé un témoin solide, le menhir de la Roche-Longue, près le village de la Courpierre, jalon mystérieux de la ligne droite reliant la Pierre du Champ-Dolent au Mont-Saint-Michel. Des hauteurs voisines, la vue est splendide.* » *Tony Le Montreer, Les Curiosités du Pays de Dol, 1947.*

La vue est splendide en effet, depuis l'est du plateau granitique de Saint-Broladre et Saint-Marcan, révélant la baie du Mont-Saint-Michel et les polders. C'est un poste idéal pour assister aux levers du soleil, et en repérer la direction. Nous allons en découvrir toute l'importance dans la seconde partie de ce livre.

Coordonnées GPS :
48°35'13.15"N   1°37'44.63"O

Le menhir de La Butte

Le menhir de La Butte est, par sa taille, le second du département (après le Champ-Dolent). Situé sur la commune de Cuguen, il est parfois nommé Pierre Saint-Jouan. Il mesure 6 m 50 de hauteur et près de 7 m de contour. Le granit à petit grain qui le compose ne peut avoir été extrait à moins de 3 km de là (selon P. Bézier). Ce menhir est surmonté d'une petite croix de granit. Des haches en pierre polie ont été découvertes à proximité du mégalithe.

On ne sait pas avec certitude quelles techniques étaient employées pour déplacer des blocs de cette taille sur des distances de plusieurs kilomètres. Mais c'était là un exercice difficile, et sans doute les hommes du néolithiques avaient-ils de bonnes raisons pour réaliser un tel exploit.

```
Coordonnées GPS :
48°25'11.99"N   1°40'14.38"O
Altitude : 105 m.
```

Avec 6m50 de hauteur, le menhir de La Butte est le second du département d'Ille-et-Vilaine, après le Champ-Dolent. Comment a-t-il été transporté sur cette colline depuis une carrière de granit située à plus de 3 km ?

Le menhir de Saint-Samson-sur-Rance

Voici le menhir le plus occidental de la zone que nous décrivons dans ce livre. Il se trouve à l'est du village de Saint-Samson-sur-Rance, non loin du fleuve, dans les Côtes d'Armor. Ce menhir, dit de La Tiemblais, tient son nom du hameau voisin. Il s'agit d'un important mégalithe isolé, en granit, d'une hauteur de plus de 5 mètres. Aujourd'hui couchée à 60° pour des raisons qui restent indéterminées, cette pierre imposante (plus de 6 m 70 dans sa partie la plus longue) fait l'objet d'une curieuse légende : elle garderait les portes de l'enfer. C'est ce que la tradition bretonne nomme une pierre-bonde, bouchon des eaux souterraines infernales. Saint-Samson et Saint-Michel la maintiennent en place pour contenir le Diable. Cette légende rapproche ce lieu du Mont-Dol, vers lequel, curieusement, la pierre est actuellement précisément orientée.

Coordonnées GPS :
48°29'39.53"N   2° 1'5.88"O

Ci-contre : *le menhir penché de Saint-Samson-sur-Rance.*

Le menhir de la Dent de Gargantua à Saint-Suliac

Menhir en quartz blanc haut de 5 mètres, près du hameau de Chablé en Saint-Suliac, ce mégalithe à quatre faces revêt la forme d'un obélisque grossièrement taillé.

Légende :

La tradition locale nomme cette pierre la dent du géant Gargantua : le héros rabelaisien se serait cassé une dent en mordant une énorme pierre, substituée à son propre enfant qu'il s'apprêtait à dévorer ! Furieux, il recracha la dent près du lieu-dit Chablé. (Rapporté par P. Bézier).

Coordonnées GPS :
48°33'55.77"N   1°57'14.66"O

Ci-contre : *le menhir de la dent de Gargantua*

Les Tombes à Saint-Broladre

Le lieu-dit *Les Tombes*, près de Saint-Broladre, est une exception dans une région qui compte essentiellement des menhirs isolés. Ici, plusieurs mégalithes, légèrement déplacés au cours du temps, délimitent un espace qui constitue un très bel observatoire naturel. Nous sommes sur le plateau granitique de Saint-Marcan, qui domine la région des polders du haut de ses 70 mètres d'altitude (quand les polders sont au niveau de la mer). Le site offre ici une vue dégagée sur le Mont-Dol, dont nous allons voir l'importance. A Saint-Broladre, un observateur pourra assister aux levers du soleil sur Tombelaine et le Mont-Saint-Michel. Ce poste stratégique joue un rôle majeur dans le dispositif que nous allons maintenant découvrir.

Coordonnées GPS : 48°34'25.92"N   1°41'13.15"O

Deuxième partie
Les pierres du zodiaque

Une géométrie à l'œuvre

Un alignement mégalithique vise le Mont-Saint-Michel

Un troublant alignement dans l'axe Tressé/Mont-Saint-Michel est bien connu des érudits locaux et de quelques historiens. Tony Le Montreer le mentionne en 1947 dans « Les Curiosités du Pays de Dol ». A propos de Carfantin, cet auteur écrit : « Qui nous dira pourquoi le Mont-Saint-Michel, le menhir de la Roche-Longue, en Saint-Marcan, la Pierre du Champ-Dolent, le menhir de la Pierre du Domaine en Plerguer, et le dolmen de la Maison des Feins sont sur la même ligne droite ? »

A ce propos, Marc Déceneux, docteur en histoire de l'art et archéologie, écrit :

« Une vérification, menée vers 1973 par des membres de l'association doloise François-Duine, a permis de constater effectivement l'alignement sur le Mont-Saint-Michel, le long d'un axe incliné à 58° nord-est à partir de l'allée couverte de la Maison-ès-Feins à Tressé, des monuments suivants : Plerguer, pierre du Domaine (menhir), Dol-de-Bretagne, le Champ-Dolent (menhir), Saint-Marcan, La Roche Longue (menhir). Si cet alignement était confirmé avec un taux suffisant de précision cartographique, il y aurait là un argument sérieux pour affirmer l'importance du Mont-Saint-

Michel dans la cartographie sacrée de la région au néolithique » (*Histoire d'un Mythe*, op. cité).

Nous avons procédé à des relevés très précis, dans un premier temps sur carte, puis à l'aide des outils disponibles sur Internet (Géoportail de l'IGN et Goolge Earth) : oui, la précision cartographique de l'alignement est bien là, sous réserve que l'on prenne soin de remplacer le menhir du Champ-Dolent par la fontaine qu'il garde. Les cinq points très savamment placés sur un même axe révèlent une implantation mûrement réfléchie, une structure dont nous allons découvrir la richesse.

Le premier point que nous avons vérifié concerne l'angle à 58° mentionné dans l'étude de l'association François-Duine. Aujourd'hui, les outils Internet mis à la disposition de tout un chacun permettent de relever un azimut avec une précision d'un centième de degré, qu'aucune carte commerciale ne peut atteindre. Rappelons que l'azimut est l'angle par rapport au nord, dans le sens des aiguilles d'une montre. Ainsi, l'est correspond à 90°, le sud à 180°, l'ouest à 270° et le nord à 360° (ou 0°). Les mesures, prises avec Google Earth (Géoportail donne strictement les mêmes résultats) nous permettent de vérifier la valeur de l'angle. La ligne tirée depuis l'allée couverte *La Maison des Fées* vers le menhir de Pierre Longue à Saint-Marcan a un azimut de 57,96°. Soit les 58° suggérés par l'association doloise, avec une précision de 4 centièmes. Cette ligne, qui vise le Mont-Saint-Michel, frôle la Pierre du Domaine et la fontaine Saint-Samson, à une distance de l'ordre d'une centaine de mètres. L'allée couverte se trouvant à 31 km du Mont-Saint-Michel, on peut considérer l'alignement des cinq points comme vraiment précis.

Un outil comme Google Earth permet aussi de connaître l'intervalle entre deux points visibles sur les vues satellites, ceci au mètre près. Sur la ligne étudiée, les longueurs parcourues présentent des relations simples. Ainsi, la Pierre du Domaine se situe à 5380 mètres de la Maison des Fées, alors que la distance de cette dernière au menhir de Pierre-Longue est strictement quatre fois cette valeur, 21520 mètres. Nous verrons plus loin que cette unité de mesure apparaît à différentes reprises, révélant un système parfaitement organisé et minutieusement appliqué sur le terrain. Ajoutons que le menhir de Pierre Longue, à Saint-Marcan, se situe exactement à mi-distance entre la fontaine de Carfantin, centre du dispositif, et le sommet du Mont-Saint-Michel.

Une seconde ligne

L'inventaire des principaux mégalithes dans l'arrière-pays du Mont-Saint-Michel nous met en présence de deux axes dont le point de croisement est une fontaine sacrée signalée par le plus haut menhir du département, le Champ-Dolent. L'association d'un mégalithe de première grandeur à une source est d'ailleurs assez fréquente en Bretagne. La première ligne va de la Maison des Fées au Mont-Saint-Michel, comme nous venons de le voir. La seconde relie l'imposant menhir de la Butte, à Cuguen, le deuxième du département par la taille, au cromlech du Mont-Dol, en passant par la fontaine Saint-Samson et le puits sacré de la cathédrale de Dol. Là encore, la précision du tracé est stupéfiante si l'on tient compte des moyens qu'on prête aux hommes du néolithique. Sur Google Earth, la ligne reliant le menhir de la Butte au centre du cromlech dolois traverse précisément la chapelle du puits, dans la cathédrale de Dol.

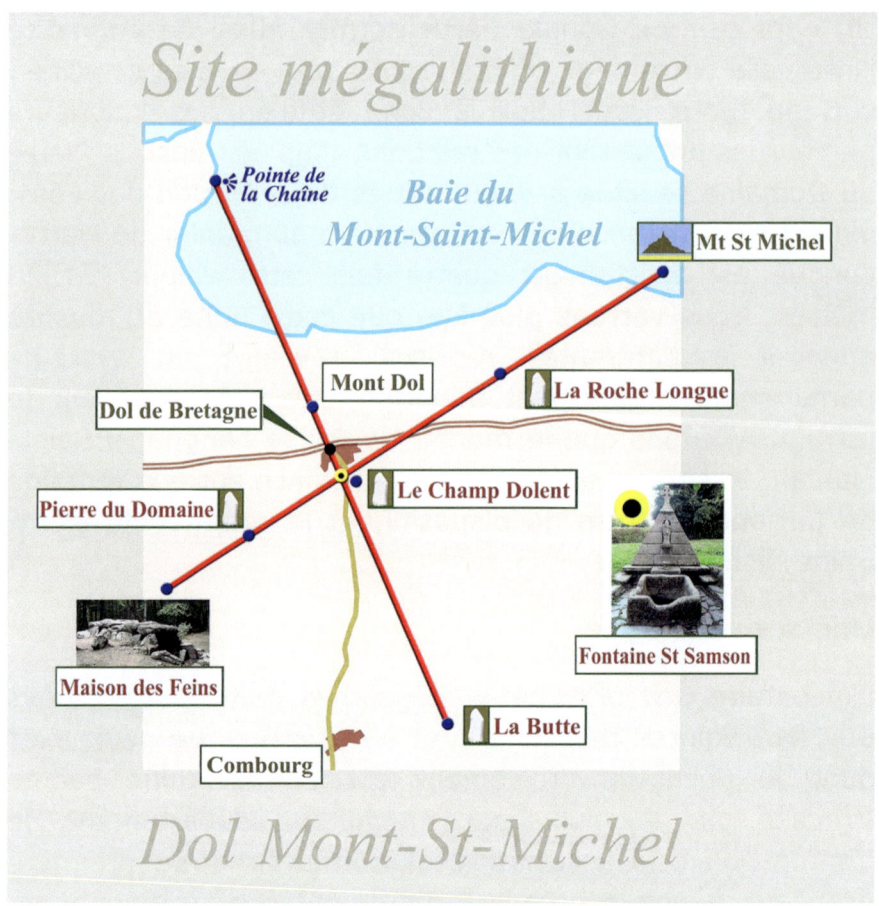

Infographie Yvo Jacquier (voir bibliographie)

Une géométrie savamment orchestrée

Les deux lignes que nous venons de définir sont l'une et l'autre complétées par des orthogonales (angle à 90°) qu'un menhir matérialise.

Ainsi, en prenant pour origine l'allée couverte de Tressé, et en traçant une ligne perpendiculaire à l'axe visant le Mont-Saint-Michel orienté à 58°, on croise le menhir dit de la

Dent de Gargantua, à Saint-Suliac (azimut 328°, soit 58°+270°), distant de 10700 mètres (presque deux unités de 5380 mètres).

La seconde ligne décrite, qui va du menhir de la Butte au cromlech du Mont-Dol, est orthogonale à celle qui relie le menhir de Saint-Samson-sur-Rance au sommet du Mont-Saint-Michel, ceci avec une précision d'un dixième de degré (azimuts respectifs de 66,9° et 336,8°). Ainsi, la Butte est à la même distance des deux points (Mont-Saint-Michel et Saint-Samson-sur-Rance), 27000 mètres, soit 5 unités.

A ce propos, il est curieux de constater que la droite reliant La Butte à Saint-Samson-sur-Rance fait un angle de 72,00° avec le Nord géographique, valeur liée au pentagone ou à l'étoile à cinq branches, ici précise au centième de degré près.

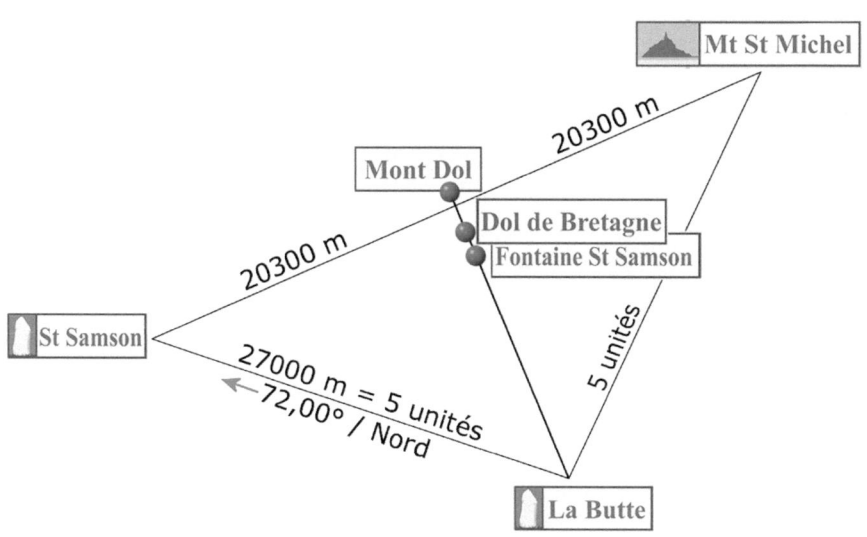

Une dimension astronomique

La dernière construction géométrique du site nous est offerte par le placement des menhirs du lieu-dit *Les Tombes*, en Saint-Broladre. Situé à l'est exact du Mont-Dol, cet observatoire naturel, perché sur les falaises d'un plateau granitique, forme avec le Mont Tombelaine et l'axe est-ouest un triangle 3-4-5 parfait. L'azimut de la ligne reliant Les Tombes au sommet du mont Tombelaine, relevé sur Google Earth, est de 53,13°, soit l'angle caractéristique d'un tel triangle, au centième de degré. Ceci nous permet d'introduire une dimension astronomique au dispositif. En effet, deux fois par an, observé depuis *Les Tombes*, le soleil se couche sur le Mont-Dol, plein ouest, marquant ainsi le jour de l'équinoxe de printemps (21 mars) et d'automne (22 septembre). Quant au triangle 3-4-5 posé sur l'axe est-ouest, il est lié, en Bretagne, au lever du Soleil le 21 juin, solstice d'été. Le chercheur et écrivain Howard Crowhurst (voir bibliographie) a montré que l'azimut 53,13° du triangle sacré est celui du lever du soleil au solstice d'été, à la latitude de Carnac. Les célèbres alignements mégalithiques du Menec (Carnac, Morbihan) offrent des points de visée fondés sur ce principe. Au lieu-dit *Les Tombes*, situé à une latitude légèrement plus septentrionale, le soleil se lève le 21 juin sur l'îlot de Tombelaine, après avoir gagné quelques degrés sur l'horizon pour passer au-dessus des côtes normandes.

Ainsi, le printemps, l'automne et l'été débutent avec des alignements solaires que le placement du site des Tombes permet d'observer aisément. Cette simple constatation va nous ouvrir la compréhension de la géométrie si particulière des sites mégalithiques décrits dans ce livre.

Un observatoire astronomique

Petites précisions à l'usage du débutant

Chacun sait que le soleil se lève à l'Est, et se couche à l'Ouest. Cependant, le lever ne se produit strictement à l'Est (azimut 90°) qu'a deux moments de l'année : l'équinoxe de printemps (21 mars) et d'automne (22 septembre). Au printemps et en été, le Soleil se lèvre au Nord-Est, tandis qu'il pointe à l'horizon Sud-Est durant l'automne et l'hiver. La déviation vers le Nord est maximale au solstice d'été (21 juin), alors qu'au solstice d'hiver (21 décembre), on constate l'écart vers le Sud le plus prononcé.

Aux moments des solstices, l'angle par rapport à l'Est dépend de la latitude : 36,87° à Carnac (90° - 53,13°), caractéristique d'un triangle 3-4-5. A la latitude du Mont-Saint-Michel, la valeur de cet angle est légèrement plus élevée, mais le triangle sacré reste une approximation recevable.

Les couchers de soleil suivent une course symétrique : le soleil se couche plein-Ouest aux moments des équinoxes, et au Sud-Ouest au solstice d'hiver (Nord-Ouest au solstice d'été). On comprend ainsi pourquoi les jours sont courts durant l'hiver (la course apparente du soleil va du sud-est au Sud-Ouest), alors que le solstice d'été voit le jour le plus long de l'année (course du soleil du Nord-Est au Nord-Ouest, en passant par le Sud à midi).

Comme nous l'avons vu, l'observatoire placé au lieu-dit « Les Tombes », à Saint-Broladre, permet d'observer les couchers de soleil sur le Mont-Dol aux équinoxes, et les lever de l'astre diurne sur le Mont Tombelaine lors du solstice d'été. Mais ce n'est pas le seul point permettant d'observer le rythme des saisons.

Le 1er novembre, jour du nouvel-an celtique, les visiteurs flânant encore dans l'abbaye du Mont-Saint-Michel, sur la *terrasse de l'Ouest*, peuvent assister au coucher du soleil sur le Mont-Dol. A moins bien-sûr que quelque brume automnale ne vienne leur gâcher ce superbe spectacle ! C'est l'entrée dans la saison sombre des Celtes, le royaume des morts. Le soleil se trouve alors dans le Signe zodiacal du Scorpion, qui a pour les anciens la même symbolique.

A l'inverse, et sur le même axe, un observateur situé sur le flanc Est du Mont-Dol peut voir le soleil se lever sur le Mont-Saint-Michel, le 25 avril. Le soleil vient d'entrer dans le signe du Taureau, opposé au Scorpion, et dont la symbolique est la renaissance de la nature au printemps. Les hommes du néolithique n'ont certainement pas manqué de noter ces repères saisonniers, naturellement balisés par nos trois monts : Dol, Saint-Michel et Tombelaine.

Ainsi se construit un zodiaque de pierres. L'axe Taureau-Scorpion, correspondant au lever du Soleil le 25 avril et à son coucher le 1er novembre, est matérialisé par le cromlech (cercle de pierres) du Mont-Dol, et un dispositif mégalithique au sommet du Mont-Saint-Michel (là où trône aujourd'hui l'archange). Sur Google Earth, on peut mesurer au centième de degré près l'azimut de cette ligne, qu'on découvre à 69,00° (angle par rapport au Nord, donc 90-69 = 21,00° par rapport à l'Est). Encore une fois, ce relevé tombe juste. Pourtant, les hommes du néolithiques sont censés ignorer la mesure des angles en degrés.

Une logique de quadrillage

Le site mégalithique du Mont-Saint-Michel se fonde sur une structure assez complexe pour qu'on soit tenté de prêter aux concepteurs une certaine maîtrise de la géométrie. Les angles relevés nous semblent pouvoir être résumés par une figure simple, en suivant une logique de quadrillage.

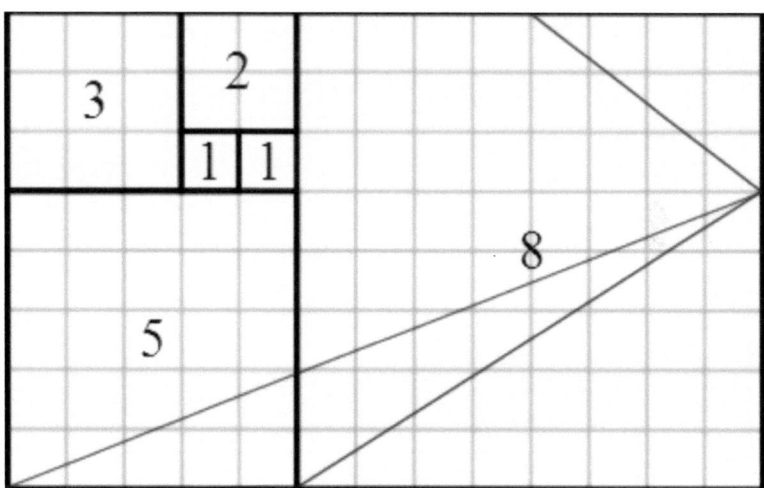

Nous retrouvons ici le triangle 3-4-5 (en haut à droite de la figure). 3 carrés en hauteur, 4 en largeur, pour une diagonale valant 5 (en application du célèbre théorème de Pythagore, mais l'Égypte pharaonique connaît déjà cette propriété). L'angle correspond à celui des levers de soleil au moment des solstices.

L'ensemble de la figure repose sur une série de nombres qu'on connaît aujourd'hui sous le nom de suite de Fibonacci : 1,2,3,5,8,13... etc. Chaque nombre est l'addition des deux précédents, l'ensemble étant lié au fameux **nombre d'or** des grecs.

Nos angles de 21° et 32° (axe Tressé / Mont-Saint-Michel) apparaissent ici naturellement. Le rectangle de 5/8 a une diagonale couchée à 32,005°, précision remarquable. Le rectangle 5/13 a quant à lui une diagonale orientée à 21,03°. L'angle à 72°, également présent dans le dispositif mégalithique, peut être construit, avec une méthode similaire et la même série de nombres, sur la base d'un rectangle de 13 par 5x8 (la pente est alors de 71,996°).

Ceci montre qu'il est possible de construire un système de repères sur le terrain, utilisant les angles découverts au cours de cette étude, avec une simple logique de quadrillage.

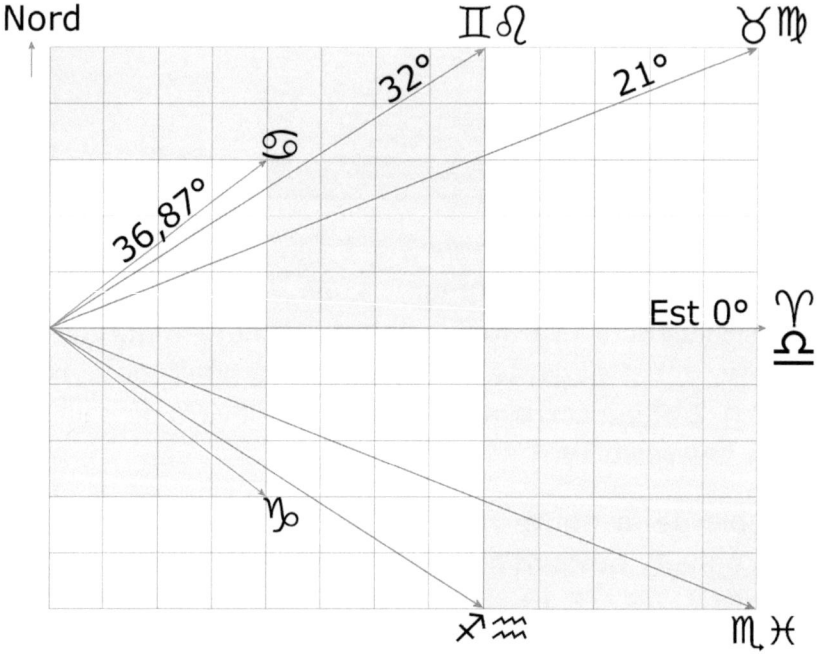

Levers du Soleil et signes du zodiaque

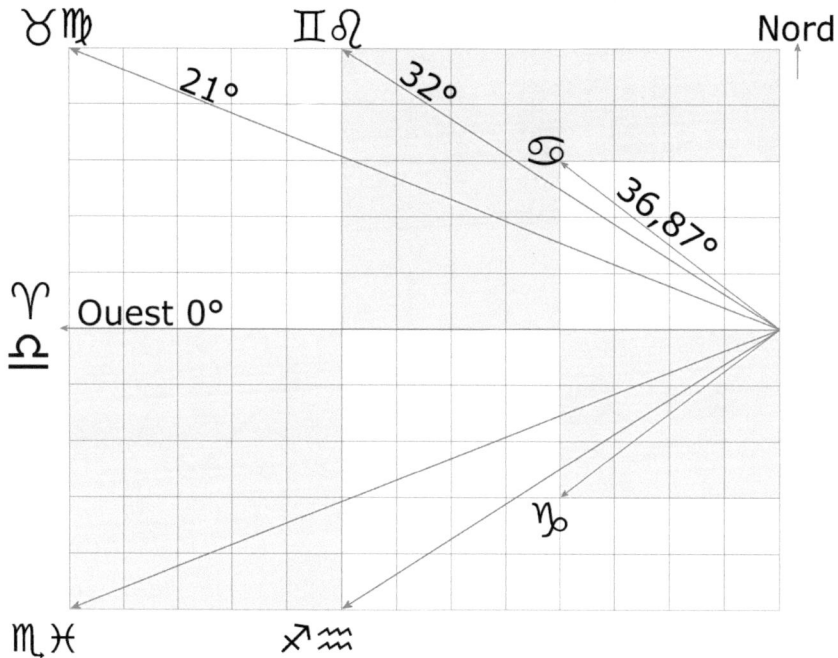

Couchers du Soleil et signes du zodiaque

Le zodiaque de pierres

Nous avons vu que l'axe orienté à 21° par rapport à l'est (Mont-Dol / Mont-Saint-Michel) coïncide avec le lever du soleil le 25 avril (le Soleil en Taureau) et son coucher le 1er novembre (soleil en Scorpion). Qu'en est-il de l'axe à 32° (Tressé / Mont-Saint-Michel) ? Il correspond au lever du Soleil le 20 mai, 60 jours après l'équinoxe de printemps. Le soleil va entrer alors dans le signe des Gémeaux.

Est-ce à dire que nos angles balisent un zodiaque ? Dans une certaine mesure, oui. Ils induisent une division de l'année en 12, donc un proto-zodiaque, comme le montre le schéma suivant.

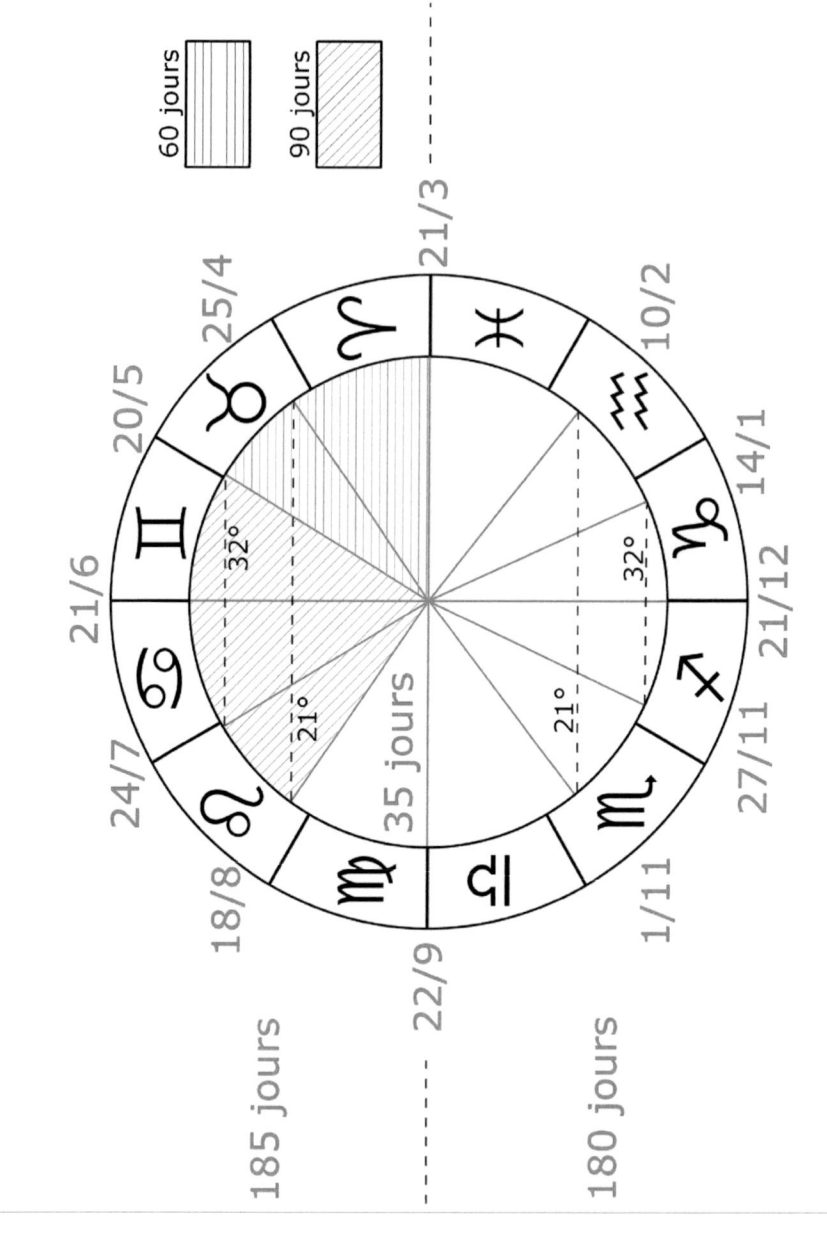

♈	Bélier	♎	Balance
♉	Taureau	♏	Scorpion
♊	Gémeaux	♐	Sagittaire
♋	Cancer	♑	Capricorne
♌	Lion	♒	Verseau
♍	Vierge	♓	Poissons

Entrée du soleil dans les signes du zodiaque :

Bélier 21 mars	Balance 22 septembre
Taureau 20 avril	Scorpion 22 octobre
Gémeaux 20 mai	Sagittaire 22 novembre
Cancer 21 juin	Capricorne 21 décembre
Lion 23 juillet	Verseau 20 janvier
Vierge 23 août	Poissons 19 février

Cette figure calendaire représente le parcours apparent du soleil dans le zodiaque, tel qu'il est défini dès l'antiquité : douze périodes, encadrées par les solstices et les équinoxes. Ainsi, le signe du Cancer commence au solstice d'été, le Capricorne au solstice d'hiver. Le passage du soleil au point vernal, à l'équinoxe de printemps, marque son entrée en Bélier, tandis que le signe de la Balance (symboliquement, durée égale du jour et de la nuit) correspond à l'équinoxe d'automne.

Si on comptabilise le nombre de jours écoulés, une constatation s'impose : la durée du printemps et de l'été (185 jours) est légèrement supérieure à celle de l'automne et de l'hiver (180 jours).

En automne et en hiver, période où l'observation directe des levers de soleil est la plus malaisée, la coïncidence du zodiaque avec le calendrier est évidente : **nous comptons six mois de trente jours**.

Durant **le printemps et l'été**, la durée de 185 jours n'est plus un multiple de 30. Le 20 avril, trente jours après l'équinoxe de printemps (31 mars), le soleil vient de traverser le signe du Bélier et entre en Taureau. 60 jours après l'équinoxe (2 mois de trente jours), le 20 mai, le soleil achève sa traversée du Taureau. Il entre en Gémeaux le 21 mai. Cette échéance du 20 mai est très importante, car elle correspond à notre ligne à 32° (axe Tressé / Mont-Saint-Michel). Cette même orientation du lever servira à repérer l'entrée du soleil dans le signe du Lion, le 24 juillet. En effet, après le solstice d'été du 21 juin, les levers de l'astre diurne vont inverser leur course, de telle sorte que le point correspondant à l'entrée dans le signe des Gémeaux est aussi celui du Lion.

90 jours (trois mois de 30 jours) après le 20 mai, le soleil se lève avec une orientation de 21° par rapport à l'est. Il est donc dans l'axe du Mont-Saint-Michel, observé depuis le Mont-Dol. Comme le montre notre figure calendaire, nous sommes le 18 août. Il faudra attendre **cinq jours** pour voir le soleil entrer dans le signe de la Vierge, le 23 août. Enfin, 30 jours plus tard, le soleil entrera en Balance, à l'équinoxe d'automne, le 22 septembre. La course annuelle est bouclée.

Pour faire coïncider le zodiaque et les 365 jours de l'année, une période de **cinq jours** de rattrapage est donc nécessaire à la fin de l'été, après les moissons et douze mois de 30 jours. Le passage du soleil couchant sur le Mont-Dol, observé depuis *Les Tombes* à Saint-Broladre, donnera le signal de la nouvelle saison automnale, inaugurant un calendrier perpétuel qui, du néolithique à nos jours, continue immuablement de fonctionner.

Cette coïncidence du calendrier, des levers de soleil (la terre) et des signes du zodiaque (le ciel), est très remarquable, astucieuse à souhait.

Résumons la démarche de notre observateur, au néolithique :

Le 21 mars, il constate à Saint-Broladre, le coucher du Soleil sur le Mont-Dol, signe d'un printemps nouveau.

Il sait que 30 jours plus tard, le soleil entrera en Taureau, et après encore 30 jours, en Gémeaux (nous ignorons bien-sûr quelle dénomination ont alors les douze signes du zodiaque). Lors de l'entrée du soleil en Gémeaux, il pourra assister, sur le plateau de Saint-Marcan, au lever du soleil sur le Mont-Saint-Michel.

Le solstice d'été (21 juin, le soleil entre en Cancer) sera encadré par des levers du soleil sur Tombelaine, observés depuis les falaises de Saint-Broladre.

L'entrée du soleil en Lion coïncidera avec le retour d'un lever du soleil dans l'axe Saint-Marcan / Mont-Saint-Michel (axe à 32°)

Quand le soleil se lèvera sur le Mont-Saint-Michel pour un observateur situé au Mont-Dol (axe à 21°), il saura qu'on entre alors dans la période de rattrapage de cinq jours, après laquelle le soleil entre en Vierge le 23 août.

30 jours plus tard, le 22 septembre, c'est l'équinoxe d'automne. Le soleil se couche à nouveau sur le Mont-Dol, observé depuis Saint-Broladre.

Commencent alors les six mois d'automne et d'hiver, durant lesquels l'observation des levers de soleil devient plus difficile. La durée totale de 180 jours permet cependant un décompte précis des mois, chaque période de 30 jours correspondant à un signe du zodiaque : Balance, Scorpion, Sagittaire, Capricorne (à partir du solstice d'hiver), Verseau et Poissons.

Un calendrier encore utilisé

Ce calendrier - induit par notre dispositif mégalithique - de 12 mois de 30 jours, auxquels s'ajoutent cinq jours durant l'été, est fort bien connu des historiens, quoiqu'à des époques moins reculées. C'est le *calendrier vague* de l'ancienne Égypte, bien attesté vers 1300 avant JC, mais probablement plus ancien. Il comporte trois saisons de quatre mois, chaque mois comptant 30 jours. S'y ajoutent, au mois de juillet, après les moissons, cinq jours dits *épagomènes*. La structure est donc identique à celle de notre calendrier mégalithique.

Aujourd'hui, cet ancien calendrier égyptien est toujours utilisé, par les coptes d'Égypte, et aussi en Éthiopie où il constitue la référence de temps officielle.

Les levers du soleil au néolithique

Les variations des levers et couchers du soleil sont liées, comme les saisons, à l'inclinaison de l'axe de rotation de la terre, ou obliquité. Au XXIe siècle, elle est de 23,5°, mais elle était un peu plus accentuée au néolithique. Sa valeur varie de 22° à 24,5°, selon un cycle de 41000 ans. L'azimut des levers du soleil aux solstices subit au fil du temps quelques variations, que la présente étude prend évidemment en compte.
Ainsi, en Bretagne, à la latitude 48°, le lever du soleil au solstice d'été a aujourd'hui (en 2017) un azimut de 53,12° (disque solaire juste au-dessus de l'horizon), correspondant à la pente d'un triangle 3-4-5. Au néolithique (3500 ans avant JC), l'azimut était de 52°.

En guise de conclusion...

Au terme de cette brève étude, que conclure ?

La géométrie relevée serait-elle due au hasard ? Les angles, exprimés en degrés par des nombres entiers, encore des coïncidences fortuites ?

Nul doute qu'il se trouvera, parmi les universitaires, des esprits sûrs de leur savoir, pour qui les hommes du néolithique n'avaient pas les compétences pour bâtir un tel système. Pourtant, la région du Mont-Saint-Michel ne constitue pas un cas unique. Des chercheurs indépendants, comme Howard Crowhurst, nous semblent apporter la démonstration de l'existence, à Carnac, d'une géométrie similaire, orientée selon les levers et couchers du soleil. Plus récemment, Alan Bequet a relevé la structure bien particulière des mégalithes de Médréac, montrant un lien probable avec Tombelaine et Carnac. Yvo Jacquier a, de son côté, mis en évidence une maîtrise des mathématiques chez les anciens, qu'on ne soupçonnait pas. On trouvera en bibliographie les ouvrages publiés par ces auteurs.

Une civilisation dont on ne sait presque rien semble à l'origine d'un vaste complexe de pierres, couvrant toute la Bretagne, répondant à une organisation du territoire qu'on ne les pensait pas, jusqu'à présent, en mesure de concevoir, et surtout de réaliser avec un tel degré de précision. Qui furent-ils ?

Bibliographie

Le Mont-Saint-Michel

Marc Déceneux
Le Mont-Saint-Michel, Histoire d'un Mythe
Éditions Ouest-France, 1997

Les mégalithes d'Ille-et-Vilaine

P. Bézier
Inventaire des Monuments Mégalithiques du département d'Ille-et-Vilaine, Rennes 1883. Diverses rééditions.

J. Briard, L. Langouët, Y. Onnée
Les Mégalithes du Département d'Ille-et-Vilaine
Centre Régionale d'Archéologie d'Alet.

Sur Carnac et la géométrie mégalithique

Howard Crowhurst
Carnac, le sens caché des Alignement
La Science des Anciens
Tome 1 : Le Menec
Tome 2 : Carnac, Le Manio
Éditions Epistemea, 2015 et 2016.

Alan Bequet
Le Site Mégalithique des Alignements de Lampouy à Médréac. Éditions Hafa, 2015.

La géométrie des Égyptiens

Yvo Jacquier
La Géométrie avec les Yeux
Lulu, 2017

Du même auteur, éditions BOD :

Finis gloriae mundi de fulcanelli : La Révélation

Christophe de Cène, 2016

Fulcanelli est le plus célèbre alchimiste du siècle dernier, auteur du Mystère des Cathédrales et des Demeures Philosophales. Un livre devait conclure cette trilogie : la Fin de la Gloire du Monde. En 1929, l'adepte décida de retirer le manuscrit. L'heure n'était pas encore à la Révélation, mais aujourd'hui, des documents inédits lèvent enfin le voile. Cette enquête montre en quoi l'identité réelle de Fulcanelli, membre éminent de l'Académie des sciences, permet de mieux comprendre son oeuvre.

Dol-Combourg et la légende du Graal

La légende du roi Arthur se construit au douzième siècle, sur la base de traditions celtiques galloises et armoricaines dites Matière de Bretagne. Avec l'Histoire des Rois de Bretagne, Geoffroy de Monmouth rédige vers 1135 le texte fondateur, véritable prototype des romans arthuriens : ainsi naissent Arthur, Guenièvre, Merlin, la fée Morgane. La légende du Graal se développe également, en parallèle. Nous allons découvrir le rôle important joué par la seigneurie des Dol-Combourg située aux Marches de la Bretagne armoricaine.

The Holy Grail and Broceliande in Dol-Combourg

A paraître :

Propos sur le Mutus Liber

Livre d'alchimie

Table des Matières

Introduction : page 3

Première partie : Un patrimoine mégalithique exceptionnel

Le Mont-Saint-Michel et Tombelaine : page 5
Le Mont-Dol : page 8
Le menhir du Champ-Dolent et la fontaine : page 10
Tressé, La Maison des Fées : page 15
Plerguer, le Pierre du Domaine : page 17
Saint-Marcan, La Roche Longue : page 19
Cuguen, le menhir de La Butte : page 20
Le menhir de Saint-Samson-sur-Rance : page 22
Saint-Suliac, La Dent de Gargantua : page 24
Saint-broladre, Les Tombes : page 26

Deuxième partie : les Pierres du Zodiaque

Un alignement vise le Mont-Saint-Michel : page 27
Une seconde ligne : page 29
Une géométrie savamment orchestrée : page 30
Une dimension astronomique : page 32
Un observatoire : page 33
Une logique de quadrillage : page 35
Le zodiaque de pierres : page 37
Un calendrier encore utilisé : page 42

En guise de conclusion : page 44

Bibliographie : page 45

Le Mont-Dol vu depuis *Les Tombes*
On observe le coucher du soleil sur le Mont deux fois pas ans, aux équinoxes (21 mars et 22 septembre)

© 2017, Christophe de Cène
Photographies de l'auteur. Tous droits réservés.

Éditeur : BoD-Books on Demand,
12/14 rond point des Champs Élysées, 75008 Paris, France
Impression : BoD-Books on Demand, Norderstedt, Allemagne

ISBN : 978-2-322-08470-8

Dépôt légal : octobre 2017